DU PASSÉ

DU PRÉSENT,

ET DE L'AVENIR.

IMPRIMERIE DE SELLIGUE,
rue des Jeûneurs, n. 14.

DU PASSÉ,

DU PRÉSENT,

ET DE L'AVENIR.

Par Michel Berr (de Turique.)

Membre de la Société des Antiquaires de France , de la Société Philothech-
nique et de l'Athenée des Arts de Paris ; des Sociétés académiques de Nancy ,
Metz , Strasbourg , Caen , Nantes , Cambray , Niort , Mayence , de la
Société royale de Goëttingue ; l'un des collaborateurs du Bulletin uni-
versel des Sciences , ex-professeur de littérature , et traducteur de langue
allemande à l'Athenée de Paris et au Ministère de l'intérieur , secrétaire du
Sanhédrin 1807 , ancien chef de bureau à la préfecture de la Meurthe , et
de division au ministère de l'intérieur de Westphalie , et l'un des candidats
présentés pour le consistoire central israélite , etc.

SE VEND AU PROFIT DES FAMILLES

DES MORTS ET BLESSÉS DANS LES DERNIERS JOURS DE JUILLET 1830.

PARIS.

DELAUNAY, PALAIS-ROYAL ;
VIMONT, GALERIE VÉRO-DODAT, N. 1,
SELLIGUE, RUE DES JEUNEURS, N. 14.

—

1830.

DU PASSÉ

DU PRÉSENT ET DE L'AVENIR.

Ils sont réalisés les rêves de ma jeunesse ! Justice et liberté, gloire, sagesse, vertu, lois nationales et protectrices, trône protecteur des lois et du peuple, pacte indissoluble entre le gouvernement et la nation : voilà, depuis que j'ai connu et que j'ai aimé mon pays, les vœux de ma raison, les souhaits de mon cœur. Enfin vient de luire l'aurore du jour si long-temps attendu. Fatigué avant le temps par les événemens qui se succèdent pour les hommes, les familles et les sociétés, par les affections qui dévorent, les haines injustes qui ulcèrent; ce que j'ai le bonheur de voir me paraît une illusion décevante, et je ne puis espérer de goûter long-temps sa consolante réalité; mais, comme le vieillard Siméon, confiant dans la durée d'un avenir si long-temps espéré, je puis dire aussi *Nunc dimittes...*, ils sont réalisés les rêves de ma jeunesse !

Aux premiers jours de cette glorieuse révolution, dont une génération nouvelle vient de reconquérir héroïquement les bienfaits, j'éprouvais, avec les douces et premières inspirations de famille, les premières et les vives émotions de l'admiration et de l'enthousiasme, en entendant dire les exploits, les conceptions et les vertus d'un héros, d'un citoyen grand, juste et sage, dont les lauriers, dans un hémisphère et dans l'autre, furent ceux du courage, de la philosophie et de l'humanité. J'entendis que son bras avait défendu l'indépendance d'un peuple nouveau, qu'au sein de sa patrie, sa voix s'était élevée contre toutes les anciennes distinctions funestes et oppressives, les glorieux insignes de ses bontés m'ont charmé les épreuves d'un autre âge, la patrie le proclame encore une fois son héros, son père, son protecteur. Sous l'égide de son nom, elle entre dans le port que, dans le cours de ses longs orages, entrevoyaient pour elle la prudence, la raison et le dévoûment : ce n'est point une illusion, j'ai vu se réaliser les rêves de ma jeunesse.

Une anarchie meurtrière et bientôt tyrannique a rempli mon âme d'une indignation qui a laissé dans toute son ardeur mon attachement à une cause toujours pure elle-même des forfaits commis en son nom. Mon âme aussi a été saisie d'admiration au spectacle des exploits immortels du plus grand des capitaines, du plus extraordinaire des conquérans. J'ai cru, et même je crois encore, que ses intentions étaient françaises, nobles et généreuses. Mais jamais je n'ai vu le législateur, le sage profond, le grand homme politique dans celui qui, sur les ruines de l'anarchie, crut devoir établir un pouvoir absolu, et qui, fils d'une grande révolution, commandée par l'esprit du siècle, non seulement refusa d'en consolider les conquêtes, mais, du haut d'un trône élevé par elle, en flétrit solennellement les résultats et les principes : justice toutefois à son dévoûment, à ses talens et à son génie !

Louis XVIII, s'il avait pu devenir ce qu'il voulait et ce qu'il devait être, ensemble et à la fois pour la France ce que furent pour l'Angleterre le dernier de ses Charles et le troisième de ses Guillaume, Louis XVIII eût reçu, et un instant reçut en effet l'hommage de mon espoir et de ma confiance. Je l'exprimais lorsqu'à Saint-Ouen se firent entendre les suffrages des amis d'une sage et vraie liberté dans une lettre à Lanjuinais, qui fut un de ses plus vertueux défenseurs, et que doivent de nouveau regretter aujourd'hui la France et l'amitié.

La Charte, imparfaite dans ses développemens et dans son origine, m'a trouvé, non parmi ses panégyristes, mais parmi ceux qui espéraient, avec foi et sincérité, dans son triomphe, ses développemens, ses germes féconds et son avenir, jusqu'au jour lugubre et bientôt glorieux qui consacre à jamais la flétrissure et la réprobation de quelques hommes, la grandeur et la gloire d'une nation *digne enfin d'être libre puisqu'elle sait être juste* (1).

Quinze années sont écoulées, et ces destinées historiques que nous signalions à l'unanimité, les yeux fixés sur le livre des faits et de l'expérience, ces destinées s'accomplissent. Respect à des malheurs sans exemples, comme les prospérités qui les ont fait évanouir, l'honneur et la vertu bravent la force et la puissance, et ménagent l'infortune même méritée; des rigueurs peut-être nécessaires, des crimes inutiles ont autrefois terni l'éclat des triomphes de la cause nationale; pas un crime, pas une rigueur ne serait aujourd'hui utile ni même excusable; que les conditions de nos destinées futures, comme le réclament les organes de la sagesse et de la raison, soient fixées avec une prompte maturité par nos vrais et courageux représentans; ainsi le veulent la sécurité et la dignité nationales. Mais, ce que les amis de la France doivent être dès aujourd'hui fiers et heureux de proclamer, c'est que jamais citoyen n'eut de titres plus éclatans et plus réels à l'estime et à la confiance d'une nation sage et éclairée, que le prince qui vient d'arborer dans nos murs, naguère esclaves et ensanglantés, les couleurs nationales, l'étendard de la paix, de la gloire, des lois et de la liberté.

(1) A une époque moins heureuse, un illustre exilé disait: « Ils veulent être libres, et ne savent pas être injustes. »

Quel ami éclairé de notre glorieuse révolution, quel partisan sage et lumineux des principes républicains, quel amant passionné de la gloire de nos armes patriotiques refusera l'hommage de son espoir et de son courage au héros de Jemmapes, au prince guerrier, philosophe et citoyen dont les lumières et l'instruction, la modestie et les hautes vertus publiques, les édifiantes vertus privées sont en possession d'inspirer les plus vives et saintes émotions à tous ceux qu'émeut le spectacle de tout ce qui élève, honore et enoblit l'humanité? A qu'elle époque de notre révolution, s'il eût pu être présenté à la France avec ses titres actuels à son estime et à son dévoûment, n'eût-il pas été reçu comme un gage de paix, d'indépendance et de liberté? Lorsque l'infortuné Louis XVI fut entraîné à la criminelle défection de Varennes par les hommes dont les dignes successeurs ont amené une chute non moins éclatante et plus méritée, si un tel prince avait pu être alors le lien de la révolution et de la royauté, le héros des deux mondes, l'ami de Wasingthon l'eût présenté, j'en exprime la persuasion, parce que je crois juste de l'avoir, l'eût présenté aux héros patriotes de 1790, comme il l'a embrassé en présence des héros libérateurs de 1830 : et plutôt encore le colosse de la tribune, ce Mirabeau que la morale et la politique ne peuvent juger dans la même balance eût trouvé en lui le gage de sécurité de deux cultes qu'il portait dans son cœur, celui de la monarchie et de la liberté; heureux s'il y avait joint aussi celui des mœurs et des vertus. Et quand, selon l'expression de mon illustre compatriote, M. Lacretelle, la république se fut glissée entre tous les partis, réclamée avec une persuasion restée inébranlable par une voix éloquente et religieuse (l'ancien évêque de Blois, M. Grégoire). C'était lui, à son insu, que Dumouriez, que la justice contemporaine a déjà replacé dans les rangs des guerriers patriotes, réservait à la nation pour arrêter le torrent des proscriptions dévastatrices, en triomphant aux gorges d'Argone, aux redoutes de Jemmapes, dans les plaines de la Belgique; il le lui eût présenté sans doute si la victoire n'eût pas trahi ses drapeaux d'accord avec ses dignes amis, ces nobles et malheureux Girondins, à qui, pour faire triompher la cause de la liberté, il n'a manqué que d'avoir quelques vertus de moins avec tant de talens et de courage. Les partis implacables n'eurent pour lui et sa famille que la proscription et l'échafaud. Au sein de la France, dans les jours de fructidor, le héros d'Altkirehen, Hoche l'eût opposé aux factieux de l'aristocratie, aux hommes incapables à qui la révolution avait confié ses pouvoirs. La France l'attendait, des mains du plus illustre de ses philosophes et de ses hommes d'état, pour conduire au port le vaisseau de la république, quand l'enthousiasme de la gloire militaire accueillit anx rives de Fréjus, le plus immortel de ses capitaines. Quand la victoire fit tomber un pouvoir élevé par la victoire, la France le salua au milieu d'une famille à qui ses malheurs et les nôtres firent trouver le chemin de nos cœurs, comme gage de l'avenir qu'elle pressentait sans le désirer encore, et qu'éloignaient les vœux de sa propre franchise et de sa propre vertu. Elle seules l'éloignèrent de sa patrie, aux époques mémorables que firent succéder bientôt après les égaremens des passions insensées et le destin changeant des armes. L'esclavage et l'humiliation ont usé depuis une génération qui finit, et indigné une génération qui commence. La Providence nous a réservé après de si longues épreuves, le gage de paix et d'alliance qui brillait déjà pour nos pères à l'instant où commençait le cours de leurs malheurs et des nôtres; elle nous l'a réservé, enrichi pour nous du souvenir du passé et des garanties de l'avenir. Ah! courons dans ses temples purgés de l'influence vraiment sacrilège du parjure, de l'astuce; de l'hypocrisie avide et implacable, faire entendre les accens de la plus juste et pieuse reconnaissance ; puis, avec le tribut que nos devoirs nous imposent à tous, pesons chacun dans la balance de notre raison et de notre conscience les graves pensées qui se rattachent aux lois et aux institutions qui doivent assurer irrévocablement le bonheur de notre patrie.

La France avait élevé une dynastie nouvelle, appuyée sur la victoire, elle est tombée pour ne s'être appuyée que sur elle. La charte observée selon la foi des sermens, malgré les vices de sa forme primitive, créait une nouvelle et vraie légitimité et rendait nationale la dynastie d'un roi devenu législateur. Mais la dynastie fondée pour un grand homme s'est évanouie sans retour pour ne s'être appuyée que sur la gloire et la force des armes, l'antique dynastie des Bourbons s'écroule de nouveau pour n'avoir voulu s'appuyer que sur le prétendu devoir de l'obéissance passive et sur le droit prétendu divin. Une dynastie nouvelle ne peut s'élever que par le vœu national, librement exprimé par l'organe de ses représentans naturels et éclairés. Je ne discuterai pas la nécessité d'un pouvoir exécutif héréditaire ; dans l'intérêt des principes républicains elle est résolue affirmativement dans ma raison et dans ma conscience. Je ne puis rien ajouter qu'à la conviction de ceux qui partagent la mienne ; je ne puis espérer de rien changer à celle de mes constans et respectables adversaires. C'est pour la mienne cependant que se prononcent de toutes parts la majorité des sentimens nationaux et j'en rends graces au ciel ; car ainsi me semble le demander la voix de la raison de la sagesse et de l'expérience. Je ne discuterai pas les titres du prince à qui la nation confiera ses destinées définitives, je les ai retracés, d'autres l'ont fait avant moi, c'est à la nation même à les juger par l'organe de ses mandataires. Mais les bases fondamentales de notre nouveau pacte social, les conditions mu-

tuelles et synallagmatiques d'une nouvelle constitution, d'un
nouveau et dernier pacte entre la nation et le gouvernement,
voilà ce qui doit absorber dans ce grave moment la pensée
et le cœur de tous les hommes qui ont un tribut intellectuel
à payer à la patrie. Admettons comme un fait devant être
consommé, l'hérédité du chef de l'état, du dépositaire du
pouvoir exécutif, et discutons avec la rapidité dévorante
qu'imposent la gravité et la succession des événemens, l'é-
conomie et les dépositions générales du reste de l'organisation constitutionnelle.

Organisation municipale, départementale et administra-
tive, collèges électoraux, communes, cantons et provinces,
système de première et de haute instruction publique, magistrature, justice; toutes ces diverses bases de l'organisation sociale semblent devoir être comprises dans un seul et
inséparable ensemble. La France depuis 89, depuis la chute
réelle d'institutions qui avaient déjà perdu leur réalité, la
France depuis cette époque demande à être organisée, et
ne l'est pas encore; elle demande à l'être d'après un système général, et dans lequel les élémens industriels, intel-
lectuels, moraux; les élémens de la notabilité, de l'aristocratie réelle et vraie, soient réunis, fondus et combinés
avec prévoyance et habileté. C'est l'absence de cette organisation première et générale dans toutes les parties du corps
social qui a si long-temps retardé parmi nous l'apparition
d'un véritable esprit public et national. C'est pour avoir
tenté d'en établir séparément les différentes parties que
jusqu'ici le résultat de cette tentative était si peu satisfaisant.
Collèges de savans, de négocians et de propriétaires; telles
devaient être, à diverses époques marquantes, les institutions
conçues par l'illustre exilé Syeies, éludées pour la France
par le génie différent du sien de son rival long-temps heureux, et accomplies par lui jusqu'à certain point dans sa

fondation de son royaume italique. Par elles on remplaçait par les réalités les démarcations qui avaient cessé de l'être, d'une noblesse exclusivement propriétaire, d'un clergé exclusivement instruit, d'un tiers-état exclusivement exclu des hautes jouissances et prérogatives sociales. Ces élémens divers, au lieu d'être séparés, doivent maintenant sagement nuancer nos institutions électorales , administives, universitaires. Trois cents francs de contribution pour les collèges d'arrondissemens ne semblent pas une condition exorbitante pour la capacité industrielle; mais que les gradués aux diverses facultés, les membres des sociétés savantes et littéraires, les chefs de divers cultes, les fonctionnaires inamovibles, gratuits et populaires, viennent prendre leur place dans ces mêmes collèges d'arrondissemens chargés de la nomination d'une partie des députés; tandis que d'autres collèges inférieurs composés des mêmes élémens, mais sur un pied moins restreint quant aux contributions, nommeraient dans leur propre sein les conseillers municipaux et cantonnaux. Les hauts collèges électoraux (1) pourraient être, je

(1) Les grands collèges et le double vote se trouvent supprimés dans la Charte modifiée par la chambre des députés. Elle a obéi, en faisant cette suppression, à l'opinion publique, vivement et justement indisposée contre les grands collèges, par l'intention hostile de leur fondation et la direction anti-nationale qu'une grande partie d'entre eux avait reçue jusqu'ici ; et quoiqu'il puisse paraître douteux que, sous un gouvernement d'origine et de condition nationales , la haute notabilité de fortune, fondue avec la haute notabilité intellectuelle, aurait eu le même résultat, j'applaudis cependant en voyant que les législateurs, guidés par l'expérience du passé et la sécurité de l'avenir, se sont arrêtés à un mode qui paraît davantage satisfaire l'une et garantir l'autre. Mais l'adjonction dans les collèges, outre ceux qui paient 500 fr. de contribution, de ceux qui sont inscrits sur la liste élémentaire du jury, me paraît maintenant de toute rigueur. Les mêmes, avec les imposés à un taux moindre, formeraient les collèges pour les élections de degrés inférieurs. La propriété, le commerce et les lumières

crois, sans être entièrement convaincu de la bonté de mon opinion, les hauts collèges pourraient être conservés; le double vote lui-même pourrait l'être aussi, le double vote qui n'était révoltant que parce qu'il n'était accordé qu'à la supériorité de la fortune, foncière et industrielle, mais qui deviendra légitime lorsque s'y associeront les supériorités sociales d'un autre genre au degré le plus élevé, les docteurs, membres de l'institut et des deux chambres, les magistrats suprêmes, les commandans en chef des armées de terre et de mer, enfin toutes les hautes aristocraties réelles et influentes des fonctions de la gloire et de la fortune, et toutes se trouveraient ainsi composer également dans de justes proportions la représentation des communes, des cantons, des départemens, j'ajouterai, des provinces; car, à présent que les absurdités d'un régime impossible, le sont devenues aussi, rien n'empêchera plus de lier le présent et l'avenir au passé de reconnaître aussi pour des réalités, les résultats de l'histoire, et de fonder la gloire et les conceptions de nos descendans sur la gloire et les conceptions de nos aïeux; de créer enfin au sein de notre pays des foyers de lumière, de haute civilisation et de prospérité comme ceux qui en Allemagne, en Angleterre, autrefois en Italie et en Espagne, et bientôt dans les Pays-Bas, répandent dans toutes les parties de l'état dans toutes les veines du corps social et non pas dans une seule capitale, dans un seul foyer absorbant, les rayons féconds et vivifians du génie, du patriotisme et de la philantropie. Les établissemens de l'instruction publique, depuis ceux des premiers élémens jusqu'à ceux des plus hautes conceptions humaines, libres et indépendans, sauf les principes adoptés comme pierre angulaire pour

me semblent toujours les élémens dont doivent se composer, dans d'égales proportions, notre système électoral, communal, départemental et politique.

toutes les formes de la civilisation et de l'existence de la société, se combineront naturellement avec toutes les autres parties de l'organisation politique. Ainsi administrateurs directs sous leurs noms actuels ou sous d'autres, nommés et révocables par le chef de l'état, conseillers de préfecture nommés aussi par le chef de l'état mais inamovibles comme juges administratifs, magistrats de tous les dégrés également nommés irrévocablement par lui, officiers publics révocables, juges de paix, maires, adjoints (1), conseillers de municipalités, de cantons et de départemens, nommés directement par les collèges des communes, des cantons d'arrondissement et de département, comme le seront les représentans nationaux; tels seront sans doute les principes d'organisation des premières parties du corps politique. De non moins rapides aperçus vont être énoncés maintenant sur les parties supérieures de cette même organisation politique.

La composition et les attributs de la chambre des députés se présente en première ligne. Il a fallu la chute successive de toutes les conditions constitutionnelles qui marqua si déplorablement les dernières années de l'empire Napoléonien pour amener une chambre de deux cents soixante membres et pour l'âge une éligibilité de quarante ans. Comme tant d'autres anomalies du gouvernement représentatif, la Charte adopta ces dispositions si étrangement restrictives. On dérogea sous ce rapport à la lettre de cette Charte dans les courts instans où l'on voulait revenir à son esprit. Aujourd'hui, le nombre, ce me semble, doit être augmenté jusqu'à celui de cinq à cinq cent cinquante

(1) Les maires et les adjoints devront être choisis par le chef de l'état, parmi les conseillers municipaux, choisis p ar les collèges électoraux. Ils seront ainsi à la fois ce qu'ils doivent être également, les hommes du peuple, comme magistrats de la commune, les hommes du gouvernement comme administrateurs.

L'âge exigé doit être celui de 25 ans. L'abus de restriction d'âge, l'avantage pour l'indépendance et les lumières des assemblées nombreuses n'a plus besoin d'être démontrée. Il faudrait répéter des argumens irréfutables de nos publicistes les plus distingués. Le partage de l'initiative entre les deux chambres et le pouvoir exécutif n'a pas besoin non plus d'aucun argument en sa faveur. Il est dans l'intérêt de la couronne autant que dans celui de la nation. A aucune époque où la restauration ou l'établissement d'un pouvoir nouveau aurait pu s'effectuer, ou l'ancien pouvoir se consolider, depuis le premier comité de constitution de l'assemblée constituante dont les intentions sont trop peu appréciées, l'on n'eût songé à l'absurdité d'un corps législatif privé de l'initiative, mais la charte l'avait trouvé dans les constitutions impériales ; convenons qu'il fut excusable de l'y maintenir. Ainsi donc, initiative pour les deux chambres exclusivement, quant au budget de la chambre des députés; mêmes facultés pour le gouvernement, qui n'en userait jamais que par l'entremise de ses conseillers, choisis dans l'une et l'autre chambre parlementaire. Voilà le mécanisme inhérent au gouvernement représentatif en y ajoutant la nomination directe du président, et soumis seulement à l'approbation du chef de l'état.

Quant aux qualités d'éligibilité, 5oo francs de contribution et vingt-cinq ans paraissent concilier tous les avantages avec des indemnités de séjour pendant la durée de la session.

Si je pense qu'il est bon de conserver un cens d'éligibilité, ce n'est pas que je croie que cette garantie soit la meilleure, mais c'est uniquement pour fixer des bornes quelconques à la sphère dans laquelle agit le choix des électeurs et à l'extension du nombre des aspirans à l'égibilité, et ne pas porter toute les capacités à la fois vers un but qu'un nombre restreint pourrait seulement atteindre. Pour les électeurs une autre condition de rigueur me semblerait devoir être de savoir lire et écrire, et, pour les éligibles ainsi que pour tous les hauts fonctionnaires en général, d'avoir pris des grades dans les grandes institutions de l'enseignement public; exemple utile donné dans les Pays-Bas.

Les présidens des collèges électoraux me semblent, je l'avoue, devoir toujours être nommés par le chef de l'état, comme les chérifs en Angleterre. Rien de plus naturel que de lui laisser la faculté de chercher à imprimer par des moyens légitimes, au mouvement électoral, l'esprit qu'il regarde comme plus conforme au bien être national. Sur ce point comme sur d'autres, il serait étrange de conserver à l'égard d'un gouvernement dont l'origine et les conditions sont nationales, les mêmes appréhensions que celles que l'on avait contre une autorité primitivement et essentiellement hostile à toutes les libertés publiques ; à moins, ce qui pourrait arriver, que le prince même, à qui la nation confie le dépôt de ses destinées, ne sente ainsi que ceux qui en règleront le pacte, la nécessité de se soumettre à des idées nées dans des temps moins heureux, et qui devront leur survivre (1).

Quand on aura rappelé les avantages du renouvellement intégral et les inconvéniens du renouvellement partiel, quoique l'un ne soit pas dans la Charte et que l'autre y soit, raison pour laquelle on y était revenu dans les ordonnances qui ont amené la destruction de la Charte et de la dynastie;

---

(1) La chambre des députés a jugé sous ce rapport devoir aller aussi loin que le désirait et que l'attendait l'opinion publique, et elle prouve ainsi combien sont injustes ou égarés ceux qui l'accusent de ne pas avoir fait tout ce que réclamait cette même opinion publique, dont elle a été, avant et après le moment du danger, l'organe également courageux et éclairé.

quand on aura indiqué comme le plus convenable le renouvellement quinquennal, on aura parlé de toutes les dispositions relatives à la chambre des députés considérée dans son existence particulière.

Toutes les autres parties de l'organisation parlementaires, les deux chambres, le pouvoir exécutif et son chef doivent être considérés dans leur ensemble et dans leur rapport mutuel. Lors de la première restauration et à l'époque célèbre des cent jours la question de l'héridité de la chambre haute, ou chambre des pairs, a été approfondie et épuisée dans des discussions et des écrits politiques auxquels j'ai eu l'occasion deux fois de prendre part moi-même. Mon opinion était en faveur de l'hérédité, et j'avoue qu'elle n'a point changée, malgré les imposantes autorités qui s'élèvent encore contre elles. Elle peut avoir des inconvéniens en elle-même et dans l'opinion publique, mais ses avantages me paraissent bien plus considérables, et je cherche en vain un autre moyen de former une chambre haute qui ne soit ni une seconde chambre populaire ni dans la dépendance du pouvoir exécutif. Toutefois son origine peut être combinée diversement ; elle peut être à la fois élective royale et héréditaire. Les grands collèges présenteraient chacun un certain nombre de candidats entre lesquels le chef de l'état nommerait jusques à deux cents membres. Il pourrait nommer aussi hors de la liste de la présentation jusqu'à cinquante,

Pour être présenté et nommé, il faudrait avoir 50 ans et trente-six mille francs de revenus en biens fonciers. L'hérédité d'aîné en aîné aurait lieu à la condition de la conservation perpétuelle et non interrompue de cette position sans autre condition *d'insaisabilité.*

Les pairs héréditaires siégeraient à trente ans. Une délibération des trois pouvoirs pourrait donner à un citoyen illustre ce qui lui manquerait en revenus fonciers, pour être porté à la chambre haute. Ainsi elle serait à la fois éclairée, forte, indépendante. Porter un nom illustré par une nomination à la chambre haute et avec des garanties semblables ; conserver la position sociale du chef de la famille, auteur de son illustration, ce n'est plus une faveur, un privilége, c'est un fait qui a été et qui reste constaté. Des talens distingués, une éducation soignée, l'indépendance qui résulte de la sécurité sur l'avenir de la famille ; voilà ce qui garantira l'heureuse et durable influence de la chambre haute, où déjà à présent des noms comme ceux de Lanjuinais, Boissy-d'Anglas, Dejean, Montalivet, Malleville, attestent, par des talens et des vertus, en faveur d'une hérédité, qui était bien loin cependant d'être garantie par des précautions pareilles à celles qu'on attend de l'avenir de cette institution conservatrice. Que cette chambre haute, dont les séances seront publiques, comme celles des députés, s'appelle Chambre de sénateurs, de pairs, ou, si l'on veut, Chambre des comtes, et que pour conserver au milieu de notre régénération future le souvenir des illustrations antiques, que ceux qui siègent ou siégeront dans la chambre haute, s'appellent comtes, ou même ducs ou barons; mais aussi, je le désire avec la conviction la plus vive, point d'autre noblesse héréditaire ou personnelle, mais seulement un monarque constitutionnel, des princes et des princesses de sa royale famille. Une seule et suprême magistrature héréditaire, et la nation même avec ses lumières et son industrie. Que pourrait faire une nouvelle et nationale dynastie, une noblesse anéantie en 1789, au souffle des hommes qui l'honoraient le plus par des talens et des vertus; d'une noblesse ressuscitée comme un fantôme dans la reconstruction d'un régime proscrit, et qui n'a pu ajouter aucune parcelle de gloire à ceux qui, en l'acceptant, ont porté à son fondateur le tribut d'une gloire acquise? Que ferait de l'une et l'autre noblesse, une dynastie nationale au milieu d'un peuple où le génie, le talent, le courage et le saint amour de l'humanité répandent à pleines mains, multiplient, comme la fleur des champs, l'illustration et la noblesse de la vraie gloire et de la vraie immortalité? Si l'on trouve du danger à les abolir dès à présent, et il peut y en avoir en effet, eh bien, s'il le faut, qu'on les conserve encore, ou plutôt qu'on les maintienue ou qu'on les abolisse l'une et l'autre, peu importe; car depuis longtemps elles sont devenues nulles et illusoires, comme une autre institution considérée sous un point de vue, et dont je parlerai tout-à-l'heure. Elles ne servent qu'à attirer vers les faveurs faciles qui ne supposent aucun mérite, et n'imposent aucune tâche, des ambitions, et des efforts qui se porteraient vers d'utiles et féconds succès. De la noblesse et de ce qu'elle peut être encore, il faut revenir au concours des trois pouvoirs législatifs. La confection des lois doit être l'ouvrage de ces trois branches; ainsi la sanction, le droit de la refuser doit être conservé au chef de l'état. Mais il a la chambre haute avec une latitude convenable pour la renforcer dans le sens de ce qu'il peut croire dans l'intérêt public. La chambre des pairs s'interposera donc entre le gouvernement et la chambre des représentans. Le partage de l'initiative dispense le gouvernement à s'exposer lui-même à l'opposition de la chambre populaire. Cet ingénieux mécanisme est un des principes conservateurs de la constitution anglaise; son absence a été un des principes les plus destructifs de la charte qui vient d'expirer. Le droit de dissoudre la chambre des députés doit être conservé aussi au chef de l'état, avec l'obligation d'en convoquer sur-le-champ une nouvelle, de la convoquer en réalité, cette obligation, dont la violation a joué un rôle si mémorable dans les plus mémorables des événemens politiques. Le droit de paix et de guerre doit lui être conservé dans toute son intégralité, sauf le droit de refuser aide et subside, l'accusation des ministres, dont la responsabilité sera réglée dès le premier jour de notre nouvelle véritable et dernière et nationale restauration ; leur accusation à la chambre des représentans, leur mise en jugement par la chambre haute.

Mirabeau avait fixé dans les discussions de l'assemblée constituante, la véritable théorie du droit de la paix et de la guerre sur les principes transitoires entre les prétentions monarchiques du parti de la cour, et les opinions démocratiques du parti national. Le droit de commencer la guerre, le droit même de conclure la paix restait d'après le mode proposé par Mirabeau, et adopté par l'assemblée constituante, au chef de l'état. Mais la législature n'intervenait que par le refus des subsides, et par l'accusation des ministres. Même, dans la constitution républicaine de l'an III, où le pouvoir exécutif était si faible et borné ; ce système pour la paix et la guerre fut conservé, tant sa nécessité a été démontrée. Si, dans la constitution de l'an VIII, et sous le pouvoir consulaire, les traités de paix ont été soumis aux discussions du tribunat et à la sanction du corps législatif muet, c'est parce qu'elle n'était qu'un fantôme que l'empire fit bientôt disparaître. La charte a conservé le système suivi alors, et, sous ce rapport, elle a fait sagement. La chambre des représentans des cent jours, dans la constitution qu'elle était sur le point d'achever, en fit autant, en ajoutant néanmoins la sanction nécessaire pour rendre définitives l'augmentation ou la cessation d'une partie du territoire. On la conservera sans doute, et le gouvernement aura ainsi dans cette importante prérogative tout ce que demande la célérité qui lui était inhérente pour l'exécution et

la pensée. Le contrat et la sanction de la législature s'interpo-
seront dans tout ce qui touche à la prospérité, à la puissance
et à l'indépendance nationales. Le souverain conservera-t-il
le pouvoir de faire grâce? Oui, sans doute, si dans nos codes
régénérés nous conservons l'inutile et illégitime peine de
mort. Mais elle disparaîtra de tous les codes de la civilisation,
et le peuple qui vient de se mettre à sa tête en donnera sans
doute le premier et sage exemple. C'est alors seulement
que le droit de faire grâce devra disparaître parmi les attributs d'un chef dépositaire de l'autorité suprême. Alors
aussi il faudra prendre pour maxime régulatrice, comme le
disait, dans un de ses premiers ouvrages, un écrivain (1) à
l'illustration duquel n'a rien pu ajouter un titre imposant
dont il a été revêtu naguère, et qu'il vient de quitter : « Ayez
des lois douces, et ne pardonnez jamais ! » L'opinion publique a déjà rayé de notre futur pacte constitutionnel
l'article de notre ancienne charte qui consacrait l'existence
d'une religion de l'état. Cet article dont on a tiré des résultats si désastreux, précisément parce qu'il n'enfermait en
lui-même rien de réel ni de positif Les cultes chrétiens
continueront-ils seuls à être salariés? ou bien plutôt tous les
cultes favorables dans leur développement progressif à la mo
rale sociale, et à la civilisation générale, ne jouiront-ils pas
de la même prérogative? ou bien encore l'état, restant en
dehors de tous les cultes indistinctement, abandonnera-t-il
leur influence et leur prospérité au zèle, à la conscience, à
la ferveur de ses fidèles, comme dans cette terre vierge et
libre de l'Amérique, où, loin de toutes les influences sociales, l'enthousiasme religieux s'exprime sous mille formes
diverses, mais toutes empreintes de la même affection vive,
universelle et infinie? Je n'oserai aborder ici ces graves et
solennelles questions qui tiennent à ce qu'il y a de plus

(1) M. Pastoret

noble, de plus relevé, et de plus indestructible dans les consciences et les destinées humaines.

Le juri, avec la sage composition qu'il a reçue, la liberté de la presse, sans aucune restriction, et avec toutes ses conséquences (car dans cette matière, selon moi, les abus se guérissent par les bienfaits, et rien ne saurait fixer une sage limite à la répression). Les gardes nationales, avec toutes leurs distinctions civiques et protectrices, le conseil d'état comme conseil politique, et non pas comme tribunal administratif, le maintien du Code civil, avec le mûr examen de quelques changemens qu'on y propose, du Code criminel, avec les graves modifications qu'il appelle, des Codes adoptés depuis la restauration; les trois importantes créations des premières époques de notre régénération politique, la cour de cassation qu'il sera facile de rendre à sa direction primitive et si long-temps utile, l'école polytechnique dont la première génération a si puissamment contribué à nous sauver de la domination étrangère, et la génération actuelle à nous délivrer de la tyrannie intérieure, l'institut qui retrouvera sans doute son utile section des sciences morales et politiques et d'illustres exclus qui appartenaient à cette section supprimée par l'organisation impériale, dont les uns n'ont pas encore été rappelés au milieu de leurs confrères, dont les autres sont encore sur la terre d'exil, que l'institut même compte parmi ses premiers fondateurs et qu'il verra sans doute successivement entrer dans son sein (1).

Tels sont les principaux avantages généralement désirés et attendus.

Il ne me reste à parler que d'une seule institution; je signalais tout à-l'heure la Légion-d'Honneur; je connais les souvenirs qui s'attachent à ces mots, et, chose singulière et ce-

____

(1) MM. Syeies, Grégoire, Rœderer, Garat, Merlin, Bassano.

pendant facile à expliquer, cet ordre, dont la création a été le premier pas vers l'établissement d'une monarchie non tempérée, semble confondue par la plupart des esprits avec les intérêts les plus inhérens à la cause du régime nouveau et de la révolution, quoiqu'au sein du tribunat leurs amis les plus éclairés l'aient très-vivement combattu. Comme ordre militaire, elle ne doit ni ne peut être détruite; elle doit subsister avec ou sans l'ordre plus antique et également militaire de Saint-Louis. Ce n'est pas cependant que nous ayons eu besoin dans nos armées d'autres distinctions, d'autres encouragemens que de ceux des grades et des armes d'honneur, pour les triomphes de Valmy, de Jemmapes, de Fleurus, d'Arcole, de Lodi, de Marengo, des Pyramides et de Zurich, triomphes que cette brillante création a récompensés sans les avoir produits. Mais enfin il est des actes de bravoure qu'on ne peut récompenser autrement. La Légion d'Honneur est devenue pour l'armée une propriété inaliénable : qu'elle la conserve avec ses différens grades, et, selon moi, avec un appointement convenable dans ces grades inférieurs. Mais dans l'état civil, je le dis avec une conviction que ne saurait diminuer le sentiment que j'ai des préjugés qui s'élèvent contre elle; dans l'état civil, la Légion-d'Honneur est une institution nulle, et par cela même dangereuse. Je ne parle pas de l'immense et bien souvent aveugle prodigalité avec laquelle elle a été employée dans les époques qui se sont succédées depuis son établissement; mais, dans les carrières de l'administration, des sciences, des lettres, des arts, de la magistrature, de la jurisprudence, de la religion, de l'agriculture, de l'industrie et du commerce, de la diplomatie et de la politique, est-il un seul homme, décoré de la Légion-d'Honneur, et vraiment digne de cette distinction, qui, par son rang ou ses fonctions, émanées du pouvoir ou du peuple, n'ait d'autres titres plus réels à l'estime, à la considération publique? Pour ceux-là, elle ne saurait y ajouter dans notre état *social actuel*; elle ne saurait donner à d'autres une considération réelle, et ne tend qu'à détourner les efforts qui pourraient les y conduire. Une place, une association savante ou littéraire, un encouragement utile et honorifique, demande toujours d'être justifié, impose toujours un devoir quelconque. Mais une faveur extérieure ne suppose rien, ne réclame rien non plus, et c'est là son plus grand danger. Qu'attendre enfin d'une distinction dont on cherche en vain l'emblême sur la poitrine d'un Lafayette, d'un Benjamin Constant, d'un de Broglie, d'un Dupin aîné, d'un Dupont de l'Eure, [d'un Lemercier, d'un Béranger, d'un Kératry, d'un Labbey de Pompières, et qui a brillé avec ses plus grands insignes, en même temps que sur la poitrine d'hommes honorables et distingués, sur celle de tant d'hommes odieux, nuls ou méprisables? La noblesse et la décoration, dit-on, sont inséparables de la monarchie; je les crois, moi, au contraire, aussi *opposées* à l'esprit d'une monarchie libre qu'à celui d'une république. C'est qu'en effet rien d'aussi semblable à une république bien constituée qu'une monarchie libre; elle ne diffère que par un seul avantage immense en faveur de la dernière, la fixité inébranlable dans le gouvernement de l'état. Je dirai cependant sur la Légion d'Honneur comme sur la noblesse, qu'on la conserve encore, si on juge dangereux de l'abolir. Mais sa destinée dans l'avenir me semble celle de la réprobation politique.

Quelque apparente contradiction que l'on puisse remarquer entre cette opinion et celle que j'ai annoncée sur la chambre haute, je ne puis me refuser à la conviction que, dans une monarchie libre, une chambre haute, héréditaire, avec les conditions sévères qui ne doivent pas en être séparées, fût-elle même à la nomination directe du chef de l'état, présente en définitif bien moins de danger que la noblesse même personnelle et les décorations dans l'état civil, Bien peu de personnes peuvent prétendre d'être appelées et de se maintenir à la chambre haute. Tout le monde peut prétendre à des distinctions nobiliaires et extérieures; dans un pays cependant, où, comme le disait M. de Broglie dans son admirable discours contre l'odieux projet en faveur du droit d'aînesse, il n'est guère possible de trouver en réalité que des magistrats et des citoyens, j'ajouterai des hommes distingués et des hommes ordinaires.

Appuyé ainsi sur un pacte social, fondé sur tout ce que demande l'esprit du temps, débarrassé de tout ce qu'il réprouve, la France, comme un géant superbe, s'avancera dans la carrière de la gloire, de la vertu, du génie et de l'humanité. Que l'imagination de ses artistes ne répudie rien de ce qui est grand, généreux et immortel; que les ciseaux ne tombent pas des mains de nos statuaires, pour achever les monumens commencés en la mémoire de Louis XVI, qui, avant d'être égaré par une cour perfide, guidé par Malesherbes et Necker, abolit la servitude et les corvées, fit admettre à l'état civil les Protestans et les juifs; de Louis XVIII, qui, de sa propre volonté, proclama la Charte et fut contraint de son vivant, de la livrer entre les mains de ses ennemis les plus implacables. Que d'autres monumens, à la fois contemporains et historiques, viennent décorer nos places et nos portiques, et soient élevés à Mirabeau et à Vergniaud, les plus sublimes de nos premiers orateurs patriotes, aux Camille Jordan, Foy, Manuel, qui, vingt-cinq ans après, furent leurs dignes imitateurs; à Syeies, qui le premier fit proclamer les droits de l'homme; à Benjamin Constant, qui les défendit dans toutes leurs applications sociales; aux premiers auteurs de notre Code civil, Tronchet, Cambacérès, Portalis; à

Hoche, qui fut vainqueur et pacificateur ; à Napoléon, non le souverain, ni même le consul, mais au vainqueur de l'Europe, au héros de l'Égypte, au défenseur de la patrie envahie, à l'exilé, à la victime de Saint-Hélène ; et surtout à ce Lafayette, le héros des deux mondes, le sauveur de deux générations, l'idole de deux peuples libres, la gloire de deux époques immortelles. Que nos prodiges nobles et généreux, soient célébrés par les lyres de tous les hommes grands, purs, sympathiques aux saintes et généreuses inspirations, et que les Châteaubriand (1) et les Villemain, Béranger, Lavigne, Lamartine, Guizot, Cousin, Tastu et de Salm, se réunissent pour célébrer l'auguste alliance des lois et de la liberté, de la morale et de la philosophie. Du haut du céleste séjour, celle dont la voix et l'exemple les guida presque tous dans les premiers pas de leur glorieuse carrière, l'immortelle auteur de *Corinne*, applaudira à leur triomphe et à ceux de la patrie.

Hommage et pleurs aux nobles victimes de la plus noble cause ! Que dans une auguste solennité la douleur publique, par l'organe de ses plus éloquens et purs interprêtes, viennent mêler les cyprès civiques aux palmes immortelles et aux symboles purifiés de la croyance et de l'éternité!...

Et vous, souverains, gouvernemens de l'Europe! est-il parmi vous un seul, à qui l'on puisse faire, sans la plus révoltante injustice, l'injure de supposer une intervention sacrilège contre la cause la plus sacrée? Non, sans doute, car vous tous appartenez à votre siècle, à la civilisation, à la morale et à l'humanité; presque tous, vous en avez reçu

______

(1) Je l'espérais ainsi pour ce grand écrivain ; en traçant son nom je n'ai point cessé de l'espérer encore, et je répéterai, avec un des journaux politiques et littéraires qui ont rendu le plus de service dans notre mémorable délivrance « sa vertu nous l'ôte, sa gloire nous le rendra. »

des bienfaits , vous lui avez donné des gages. N'êtes-vous pas hommes, européens, chrétiens ? Ce n'est pas que la valeur française redouterait une agression que frapperaient l'indignation des hommes et la juste colère céleste. La victoire bientôt ferait croître de nouveaux lauriers dans les plaines de Fleurus, non loin des tombes de Waterloo , et ces barrières que l'Europe avait laissées à Louis XIV, même après l'avoir humilié , serait cette fois , sans doute , le seul prix que nous réclamerions de nos triomphes ; car le temps des conquêtes d'un peuple sur l'autre , me semble passé pour être remplacé par celui des légitimités nationales et historiques. Mais cette guerre , sans justice et sans conscience , serait aussi sans intérêt éclairé et sans vraie politique ; qu'ont à demander l'une à l'autre les puissances européennes, quelque ambition , quelque besoin qu'elles puissent éprouver d'étendre la sphère de leur prospérité , de leur influence , de leur gloire et de leur industrie ?

Que les gouvernemens s'unissent tous par de nouveaux liens à leurs peuples , et que la civilisation toute entière avec les vastes ressources de ses développemens vivifians et régénérateurs , se porte vers le champ nouveau et immense que lui offre la chute imminente de la fausse civilisation orientale , devant l'influence de la culture européenne : domaine immense, qui s'ouvre pour les voyages, l'histoire, le commerce, la politique et la religion par la chûte d'Alger ; triomphe facile qui devait amener tant d'orgueil et d'avantage à l'ambition et à l'hypocrisie , et dont profiteront les vraies lumières, la vraie morale et la vraie politique. Sublime et incomparable transformation , plus digne que les vicissitudes ordinaires des grandeurs humaines de faire dire , comme autrefois à Bossuet , *et nunc intelligite , reges , erudimini...*

Appuyé sur Alger et tout le littoral africain , toutes les principales nations de l'Europe parcourront de concert une vaste et active carrière nouvelle et intellectnelle ; comme autrefois lors de la découverte d'un nouveau monde, ils ont partagé une conquête ensanglantée par l'ignorance et le fanatisme. D'imposantes questions vont se résoudre, de nouvelles contrées vont être abordées, de nouvelles peuplades vont se découvrir. La civilisation religieuse de l'Orient, libre et protégée avec justice, par la marche naturelle des choses, se dépouillant de ses altérations locales et temporaires, se fondra par une marche de plus en plus rapide avec la civilisation religieuse de ses maîtres et de ses vainqueurs européens. Les tribus juifs, autrefois esclaves de la barbarie, recevront la liberté sous les auspices d'une justice sincère et durable. Peu à peu la foi et la croyance de la raison et de la philosophie arriveront au même but; peutêtre un jour saisiront les mêmes symboles : une seule morale, un seul lien social, un seul pasteur, un seul troupeau, et l'Orient, sans doute, verra se confondre ses vieux chants d'allah avec les éternels halleloujas !

La France dès aujourd'hui semble entrer enfin dans le port de repos de la vraie gloire et de la liberté. Une assemblée formée par la conscience de la nation avec la conscience de sa destination nationale, un prince vers lequel n'avait cessé de se tourner les regards des amis de la liberté, que suivait leur estime et leur affection lorsqu'il trouvait dans la science l'amour du travail, un charme utile pour les loisirs de son existence, ou lorsque ses talens et ses vertus, relevés par son rang et sa modestie, captaient le cœur d'une princesse, modèle le plus rare des qualités les plus inappréciables. Son fils, nourri dès ses plus jeunes années de toutes les leçons réservées par la sagesse, la science et la morale, à leurs zélateurs les plus favorisés : voilà pour nous maintenant les gages du passé, le ralliment du présent, les garanties et les espérances de l'avenir. Malheur à ceux dont l'orgueil ou la dureté nous priverait de nouveau d'un bonheur si chèrement acheté! Il ajouterait un nouveau charme au mien, si je suis appelé à en goûter encore, il m'encouragerait dans des épreuves, si je dois encore en supporter. De précieux témoignages qui m'entourent peuvent me faire espérer l'un ; de constantes inimitiés dont je m'honore peuvent me faire craindre l'autre : heureux toujours, consolé du moins, si je peux continuer de dire : Ils sont réalisés les rêves de ma jeunesse !

NOTE.

Cette brochure était à l'impression , et déjà même annoncée dans un journal, quand la Chambre des députés, dans son mémorable acte d'hier, a comblé les vœux de la France et assuré ses destinées. Sous quelques rapports l'écrit que je publie a vieilli ; sous d'autres, il semble acquérir , avec de nouvelles forces , quelque intérêt de circonstance. Le prince est proclamé, le pacte social assis sur des bases vraiment légitimes, est considérablement amélioré dans ses dispositons fondamentales. La plupart des questions que j'ai effleurées attendent encore une solution définitive ; de ce nombre est l'hérédité de la Chambre des pairs. Je soumets mes opinions non encore altérées sur cette institution, et les moyens de la fortifier aux lumières des hommes supérieurs qui auraient à la discuter.

La noblesse et la Légion-d'Honneur, dans l'ordre civil , seront conservées , mais je n'ai pas disconvenu des graves inconvéniens que pourrait avoir leur suppression actuelle; l'avenir décidera de leur avenir. A peu de choses près les changemens apportés dans les articles de la Charte sont conformes aux vues que j'ai développées ; on a sagement mis hors des articles constitutionnels , ce qui est relatif aux colléges électoraux et à l'éligibilité , aux conseils de municipalités , de cantons , d'arrondissement et de département ; enfin à cette organisation générale de la France , sur laquelle ultérieurement encore j'aimerais à développer quelques vues , si j'en ai l'occasion et le devoir. Plus de religion d'état: l'article qui en établissait une était funeste en luimême , monstrueux par les conséquences qu'on en a tirées. Pour le moment , les cultes , qui sont ceux de la majorité européenne , sont salariés en France , mais , grace à d'honornbles et éloquentes réclamations, les autres cultes exercés et reconnus, verront progressivement s'améliorer leur situation par l'augmentation combinée et successive de leur influence et de leurs prérogatives sociales; enfin le roi des Français est élevé sur le pavois national. Ce que la France voulait il y a quarante ans , elle le trouve aujourd'hui ; et nous qui , dans nos jeunes années vîmes naître l'aurore d'un jour qui ne doit plus cesser, en quittant le monde nous serons heureux de saluer l'avenir prospère et glorieux d'une patrie qui a tant de droits à notre respect et à notre amour.

FIN.